AF326387

THEATRE
DE CAMPAGNE,
OU
RECUEIL DE PARADES
LES PLUS AMUSANTES,
PROPRES AU DÉLASSEMENT DE L'ESPRIT;

Jouées fur des Théâtres Bourgeois.

A NUGOPOLIS;

Et fe trouve

A PARIS,

Chez la Veuve DUCHESNE, Libraire, rue Saint-Jacques;
au-deffous de la Fontaine Saint-Benoît,
au Temple du Goût.

M. DCC. LXVII.

LA MORT

DE

BUCEPHALE,

TRAGÉDIE BURLESQUE,

EN UN ACTE ET EN VERS;

NOUVELLE ÉDITION.

PRÉFACE.

Quelques recherch s qu'on ait faites chez les Anciens, pour avoir une connoiſſance parfaite des mœurs des chevaux qui vivoient du tems d'Alexandre, on n'a rien trouvé qui pût ſervir à établir le caractère de Bucéphale. On ne ſçait s'il étoit hongre ou entier : il y a apparence qu'il étoit plus l'un que l'autre ; car ſuivant *Quint-Curce*, *Liv.* 1. il étoit un peu féroce. On ſeroit de mauvaiſe humeur à moins.

Dans l'incertitude, on a mieux aimé ſe paſſer du Perſonnage eſſentiel, que de s'écarter de la belle Nature. Tant pis, s'écriera peut-être quelque mauvais plaiſant ; on ſe ſeroit battu pour jouer ce rôle. Oh ! Meſſieurs les Zoïles, contentez-vous de crier au vol, au meurtre. On a pillé des vers des meilleurs Auteurs ; mais ils viennent ſi naturellement au ſujet, qu'on les auroit trouvés comme eux. Pourquoi ſe ſont-ils tant preſſés de les faire ? On s'eſt bien gardé de les guillemetter ni de les marquer en lettres italiques.

Attrape qui peut.

ACTEURS.

ALEXANDRE.

ARIDÉE, frère d'Alexandre.

STATIRE, fille de Darius.

ÉPHESTION, Confident d'Alexandre.

PHILIPPE, Médecin d'Alexandre.

GARDES.

La Scène ſe paſſe où l'on veut.

LA MORT

DE

BUCEPHALE.

SCENE PREMIERE.

ALEXANDRE, ARIDÉE, PHILIPPE, GARDES.

ALEXANDRE *à ses Gardes.*

GARDES, qu'on se retire, & qu'on nous
    laisse ici :
Demeurez, Aridée, & toi, Philippe, aussi.
Je me flattois, amis, qu'au gré de mon
    envie,
Je pourrois, à mes loix, voir la terre asservie,
Conquérir des Etats dont je n'ai pas besoin ;
Et l'ardeur de courir m'eût entraîné bien loin.
Je voulois, hors du monde étendant ma fortune,
Attacher à mon char le Soleil & la Lune ;
Mais d'un si beau dessein les Dieux semblent jaloux ;
Je croyois vainement qu'ils combattoient pour
    nous :

Et quoi que m'annonçât ma première campagne,
Nous faisions, vous & moi, des châteaux en Es-
         pagne.
              ARIDÉE.
En Espagne, Seigneur ! qui l'auroit pû penser ?
Quand Darius vaincu vous permet d'avancer,
Et que des Sidniens vous voyez fuir le reste.....
              ALEXANDRE.
O combat trop sanglant ! ô victoire funeste !
              ARIDÉE.
Quoi ! de quelques remords Alexandre pressé....
              ALEXANDRE.
Je perds tout, chers amis ; Bucéphale est blessé.
              PHILIPPE.
Bucéphale, grands Dieux !
              ARIDÉE.
              Ciel, qu'entends-je !
              ALEXANDRE.
                    Lui-même.
Je viens vous informer de ce péril extrême.
              PHILIPPE.
Daignez de ce malheur nous faire le détail.
              ALEXANDRE.
Une balle a percé son généreux poitrail ;
Son sang... La voix me manque à ce récit funeste ;
Sa vue & mes soupirs vous diront mieux le reste.
Sans perdre ici le tems en de vagues discours,
     (*A Philippe.*)
Allez le voir ; son mal a besoin de secours.
              (*Philippe sort.*)

ARIDÉE.

Du camp de Darius, une jeune Princeſſe
Demande à vous parler. Son air ſeul intéreſſe.

ALEXANDRE.

Qu'elle vienne ; (*Aridée ſort.*) malgré ma haîne
    & mes douleurs ,
Je ne rebute pas de tels Ambaſſadeurs.

SCENE II.

STATIRE , ALEXANDRE.

STATIRE.

NE vous étonnez point , Seigneur , qu'on
    m'ait choiſie
Pour traiter avec vous du deſtin de l'Aſie ;
Mon pere a ſes raiſons : il ſçait que d'un procès
Deux beaux yeux quelquefois aſſurent le ſuccès :
Pour moi , dans l'âge heureux où l'on brave une
    armée ,
J'ai traverſé ce camp ſans en être allarmée ;
Et j'oſe me flatter que ce n'eſt pas en vain
Que je viens vous offrir la paix avec ma main.
D'ailleurs d'une beauté languiſſante & flétrie ,
Je ne viens point vouer le reſte à ma Patrie ;
Je vaux mieux que la guerre, & ſans verſer de ſang ;
On peut....

ALEXANDRE.

    De Bucéphale on a percé le flanc ;
Et l'on vient me parler de paix & d'hymenée ?
Périſſe la Scythie.

STATIRE.

Interdite , étonnée,
Seigneur, je l'avouerai , je n'avois pas prévu
Qn'un cheval dût ainfi...

ALEXANDRE.

Vous ne l'avez pas vu.

STATIRE.

Il eft vrai ; je n'ai pas l'honneur de le connoître.

ALEXANDRE.

Il eft d'un fang illuftre ou digne au moins d'en
    étre.

STATIRE.

De ma beauté peut-étre eft-ce trop préfumer ;
Mais comme lui , Seigneur, je puis me faire aimer.

ALEXANDRE.

Que ne lui dois-je point ? jamais une Maitreffe
Ne feroit fi fidelle , & n'eut tant de tendreffe :
Vous le verriez , fi-tôt que je veux le monter,
Baiffer fa lar e croupe & me la préfenter ;
Indomptable à tout autre , & pour moi fi docile,
Qu'avec lui l'éperon me devient inutile.

STATIRE.

On pourroit l'imiter en faifant fon devoir,
Et ma docilité....

ALEXANDRE.

C'eft ce qu'il faudra voir.
Auprès de lui je cours ; à regret je vous quitte :
Mais nous pourrons conclure après cette vifite.

SCENE III.

STATIRE *seule*.

AH ! qu'un accueil si froid me le rend odieux !
Moi qui présumois tant du pouvoir de mes yeux ,
Un cheval m'a vaincue. En quel siècle nous
    sommes !
Voilà notre pouvoir sur les esprits des hommes :
Fille d'un Roi fameux , & pour dire encor plus ,
Jeune & belle , est-ce à moi d'essuyer un refus ?

SCENE IV.

ARIDÉE, STATIRE.

ARIDÉE.

MAdame , avez-vous vu le superbe Alexandre ;
Du pouvoir de vos yeux a-t-il pu se défendre ?
Consent-il ? ...

STATIRE.

Il n'a pas le tems de m'écouter ,
Et pour voir son cheval il vient de me quitter.

ARIDÉE.

Le cruel ! qu'avec lui j'ai peu de ressemblance !
Le même sang , dit-on , nous donna la naissance :
Mais jamais nul cheval ne sauroit partager
Ce cœur que dans vos fers vous venez d'engager.

Aux barrières du camp, dès que je vous ai vue,
D'un tendre empreſſement mon ame s'eſt émue;
A travers les ſoldats vous ouvrant un chemin,
Je me ſuis préſenté pour vous donner la main :
Hélas ! je l'ai ſentie à l'inſtant embrâſée ;
Sans doute que la vôtre étoit électriſée.
Ce feu qui tout-à-coup s'eſt gliſſé dans mes ſens,
Excite dans mon cœur. . . .

STATIRE.

Seigneur, je vous entends :
Gardez-vous d'achever, vous allarmez ma gloire.

ARIDÉE.

Non, le vin eſt tiré, Madame ; il le faut boire.
Moi qui devant le Sexe, humble, reſpectueux,
Sur les Filles jamais n'oſai lever les yeux ;
Craignant juſqu'aux effets d'une ardeur innocente,
Ne leur parlai jamais que d'une voix tremblante,
Aujourd'hui par l'amour tout-à-coup excité,
Je paſſe de la crainte à la témérité ;
Et mon cœur avec vous veut ſe mettre à ſon aiſe.

STATIRE.

Vous voulez donc traiter l'amour à la Françoiſe?

ARIDÉE.

Vous en offenſez-vous ? Facile à me troubler,
Votre air impérieux m'a d'abord fait trembler :
Mais près de vous bien-tôt mon ame apprivoiſée
S'eſt promiſe en ſecret une conquête aiſée :
Et vous avez pris ſoin de me faire entrevoir
Que le Sexe n'eſt pas auſſi diable que noir.

STATIRE.

Si vous voulez pour vous que mon cœur s'atten-
   drisse,
Il faut que par vos foins mon ennemi périsse.

ARIDÉE.

Qui!

STATIRE.

Bucéphale.

ARIDÉE.

O Ciel!

STATIRE.

     Vous êtes interdit!

ARIDÉE.

Vous favez à la Cour jufqu'où va fon crédit;
Et combien le Roi l'aime.

STATIRE.

    Ah! c'eft ce qui m'offenfe:
Je ne veux plus fur moi qu'il ait la préférence.

ARIDÉE.

Pour vous plaire faut-il devenir affaffin?
Eh quoi!...

STATIRE.

   Pour le tuer, gagnez fon Médecin.

ARIDÉE.

Philippe?

STATIRE

   J'entrevois votre poltronnerie;
Eh bien! Seigneur, je vais moi-même à l'écurie.
Là, de mon ennemi je faurai m'approcher;
Je percerai ce cœur où vous n'ofez toucher,

Et mes fanglantes mains fur moi-même tournées ,
Sauront du même fer joindre nos deftinées ;
Et tout cheval qu'il eft , il me fera plus doux
De mourir avec lui que de vivre avec vous.

ARIDÉE.

Quoi qu'il m'en coûte, il faut calmer votre colère.
Oui, Philipe paroît ; je fais ce qu'il faut faire.

STATIRE.

J'entrevois le bonheur auquel vous prétendez ,
Et je vous permettrai, Seigneur... vous m'entendez.
Je vous laiffe avec lui.

SCENE V.

ARIDÉE, PHILIPPE.

ARIDÉE.

Conçois-tu ma trifteffe ?
C'eft à toi de calmer le trouble qui me preffe ;
Tu fus dans tous les tems mon plus fidèle ami.

PHILIPPE.

Je ne fais pas, Seigneur, m'attacher à demi.
Parlez. Mais quoi ! tandis qu'enchaînant la victoire,
Alexandre avec vous vient partager fa gloire....

ARIDÉE.

Avec nous, cher Philippe ! Ah ! peux-tu le penfer ?
Alexandre jamais fut-il récompenfer ?
En vain pour nous ouvrir le chemin de l'Afie,
Tant d'illuftres Guerriers ont immolé leur vie :

Le sang qu'ils ont versé n'est pour lui d'aucun prix,
Et Bucéphale seul occupe ses esprits :
Il ne le quitte pas, l'honore de ses larmes,
Et sur tous nos périls tranquille & sans allarmes,
Il néglige pour lui les devoirs qui sont dus
Aux mânes des Héros que nous avons perdus.
Pour Bucéphale seul son ame est attendrie ;
Il quitte son Palais pour voir son écurie.
Pour nos braves Guerriers quel indigne rival !
Tout lui paroît suspect, excepté son cheval.
N'es-tu pas indigné de cette préférence ?

PHILIPPE.

Oui, comme vous, Seigneur, sa conduite m'of-
    fense ;
Mais, malgré mon dépit, la crainte & le respect
Sur tout ce que je vois me rendent circonspect.

ARIDÉE.

Il est tems, cher ami, que ce respect finisse.
Il faut sur ce cheval nous faire à tous justice :
Philippe, oseras-tu, par un illustre effort.....

PHILIPPE.

De mon zèle, Seigneur, qu'exigez-vous ?

ARIDÉE.

Sa mort.

PHILIPPE.

La mort de Bucéphale ! ô Ciel ! qu'osez-vous dire ?

ARIDÉE.

C'est pour rendre son Maître à sa Cour, à l'Empire.

PHILIPPE.

Ah ! pourrai-je, Seigneur, sans être criminel....

ARIDÉE.

Le crime est apparent, le service est réel.
Qu'il meure.

PHILIPPE.

Mais enfin, attenter à sa vie ;
C'est insulter le Roi jusqu'en son écurie.

ARIDÉE.

Un meurtre nécessaire au repos des Etats
N'est pas mis, quel qu'il soit, au rang des attentats :
Philippe, ce service est pour nous d'importance :
Souvent un peu de sang lave une grande offense.

PHILIPPE.

C'est trahir Alexandre.

ARIDÉE.

Ou plûtôt le servir.
La haîne de la Cour par-là doit s'assouvir.

PHILIPPE.

Mais quoi !...

ARIDÉE.

Tout est à craindre, & ton zèle balance !
Je ne m'attendois pas à tant de résistance.
L'ongle de la vengeance a tracé ton devoir,
Et tu n'écartes pas les maux qu'on sçait prévoir !
Ah ! je ne vois que trop qu'affectant un faux zèle,
Tu voudrois te parer du nom d'ami fidèle ;
La feinte est trop grossiere ; en ce siècle indigent,
Les Médecins n'ont plus d'autre ami que l'argent.

PHILIPPE.

Je vous obéirois, Seigneur, sans nul salaire ;
Mais vous en croyez trop une aveugle colère :

Souvent pour fe porter aux plus noires fureurs,
De la vertu le vice emprunte les couleurs.   .
Vos difcours fur mon cœur ont un puiffant empire.
Dans ce même moment (puifqu'il faut vous le dire)
Je tremble pour ma vie, & dans fon Médecin,
Le Roi peut aifément découvrir l'affaffin :
Mais donnez-moi du tems afin de le détruire :
Pas-à-pas au tombeau je faurai le conduire ;
Notre art, pour de tels coups, n'eft jamais en défaut;
S'il a befoin de froid, j'ordonnerai du chaud :
De fon fang par degrés j'épuiferai la fource ;
Des plus forts purgatifs j'emploierai la reffource,
Et fi de tels moyens ne m'ont pas réuffi,
Je vais tout ordonner, jufqu'aux eaux de Paffy.

ARIDÉE.

Oui, je fais qu'en marchant dans cette route obfcure,
Votre art impunément frappe d'une main fûre :
Mais ces détours font lents, & je veux qu'au-
            jourd'hui
Un trépas imprévu nous délivre de lui.
Fais-lui manger la mort dans un boiffeau d'avoine.

PHILIPPE.

Le poifon ! Que dira de moi la Macédoine ?
Philippe empoifonneur ! Et de qui ? d'un cheval !

ARIDÉE.

Indigne Médecin, je vous connoiffois mal.
Eh! s'il ne m'eût fallu qu'une mort ordinaire,
N'étoit-ce pas affez de votre miniftère ?
Par un chemin frayé marchant tout uniment,
Votre art jufqu'au tombeau l'eût conduit lente-
            ment :

Mais quoi ! fi le poifon vous caufe tant d'allarmes,
Pour nous en délivrer employez d'autres armes ;
Qu'un fuppôt de votre art au carnage aguerri,
Lui déchire le flanc d'un coup de biftouri.

PHILIPPE.

Quel eft l'homme, Seigneur, dont la main intré-
       pide,
Oferoit fe preter à ce chevalicide?

ARIDÉE.

Je vois tous tes détours, mes foins font fuperflus ;
Mais fi dès ce foir méme Alexandre n'eft plus,
N'en accufe que toi.

PHILIPPE.

       Ciel ! quelle perfidie !

ARIDÉE.

Du cheval ou du Maître on demande la vie.
Choifis.

PHILIPPE, *à part.*

     Hafardons tout dans un preffant befoin,

   (*Haut.*)

Je vais empoifonner une botte de foin.

SCENE VI.

ALEXANDRE, ARIDÉE,

ALEXANDRE.

Graces au ciel, fon mal chaque inftant di-
　　minue,
Et fes douleurs fembloient fe calmer à ma vûe :
Mais un foin différent me donne du fouci ;
La Princeffe, Seigneur, eft-elle encore ici ?
ARIDÉE.
Elle vous attendoit dans la tente voifine.
ALEXANDRE.
Se plaît-elle en ces lieux ?
ARIDÉE.
　　　　Votre accueil la chagrine,
ALEXANDRE.
Que vous a-t-elle dit de mon air conquérant ?
ARIDÉE.
Qu’avec deux pieds de plus, vous feriez bien
　　plus grand.
ALEXANDRE.
Penfez-vous qu’un héros peut lui céder fans honte?
ARIDÉE.
Ilcefferoit de l’être, & quandl’Amour nousdompte,
Il nous met au niveau du refte des Mortels.
ALEXANDRE.
Mais les Dieux dont la terre encenfe les Autels,
Ont tous aimé . . .

B

ARIDÉE.

Seigneur, fuivre de tels exemples;
N'eft pas le vrai moyen de mériter des Temples.

ALEXANDRE.

Ce mépris pour les Dieux peut vous être fatal.

ARIDÉE.

J'en dirois plus de bien, s'ils faifoient moins de mal.
Néron, à votre avis, traita-t-il bien fa mere?
Jupiter cependant a fait pis à fon pere.

ALEXANDRE.

Eh! pourquoi renverfer ainfi l'ordre des tems?
Je vis avant Néron.

ARIDÉE.

Seigneur, je vous entends:
Votre cœur de ces Dieux vous fait l'apologie,
Et vous vous attaquez à la Chronologie;
Un ami trop fincere importune vos yeux,
Eh bien! pour mériter un rang parmi les Dieux,
Imitez-les, foyez l'Efclave de Statire.

ALEXANDRE.

Je ne puis le cacher, pour elle je foupire.
Car enfin il faut bien foupirer malgré foi;
Le Poëte aux Héros en impofe la loi.
Que faire fur la Scene? Oferois-je y paroître?
Un Héros doit-il moins agir en petit-Maître?

ARIDÉE.

Qu'y faire? S'agitter & fe battre le flanc,
Refpirer la vengeance, & répandre du fang.
Pefter contre les Dieux, s'enfler outre mefure,
Et, pour paroître grand, fortir de la nature.
A d'éternels dangers nous fommes-nous offerts
Pour venir dans ces lieux vous voir porter des fers?
Ne valoit-t-il pas mieux, dans votre Macédoine,

Vivre, comme un Bourgeois, de votre patrimoine,
Chanter , boire , dormir , & voir faire des nœuds ?
Vous feriez plus tranquille , & nous moins malheu-
       reux.
       ALEXANDRE.
J'approuve vos raifons ; une prompte prudence
Me jette, de l'amour, au fein de l'inconftance ;
J'avois du goût pour elle. Eh bien ! n'en parlons
       plus ;
Qu'elle parte.
      ARIDÉE *à part, en fortant.*
      Mes foins n'ont pas été déçus.

SCENE VII.

ALEXANDRE, PHILIPPE.

ALEXANDRE.

VErs moi fi promptement quel fujet te rappelle?
Que viens-tu m'annoncer ?
      PHILIPPE.
          O funefte nouvelle !
      ALEXANDRE.
Bucephale eft-il mort ?
      PHILIPPE.
          Il attend vos adieux.
      ALEXANDRE.
Pour le priver du jour, qu'a-t-il donc fait, grands
      Dieux ?
Si vous voulez punir, lancez votre tonnerre ,
             B ij

Sur tant de Défœuvrés, vils fardeaux de la terre;
Sur le froid Nouvellifte, & le mauvais Plaifant,
L'avide Parafite, & le fot Complaifant;
Mais hélas! mon Courfier, votre plus bel ouvrage,
Doit-il mourir, grandsDieux,à la fleur de fon âge?
As-tu donc de ton art épuifé les refforts?

PHILIPPE.

J'ai fait pour le fauver d'inutiles efforts.

ALEXANDRE.

Ciel! je vais donc bientôt regretter Bucéphale.

PHILIPPE.

On pourroit, fi fon mal avoit quelqu'intervalle,
Saifir l'occafion, &, de fon ratelier,
L'envoyer de l'Afie en pofte à Montpellier.

ALEXANDRE.

C'en eft fait, il eft mort; ce difcours me l'annonce :
A conferver fes jours, mon médecin renonce.

PHILIPPE.

Je n'y renonce pas, mais prendrai-je fur moi
Le foin de guérir feul le cheval de mon Roi?

ALEXANDRE.

Cette réflexion me paroît bien tardive!
Philippe, je prétends que Bucéphale vive.

PHILIPPE.

Mais fi le Ciel s'oppofe à vos vœux?

ALEXANDRE.

　　　　　　　　　　　Je fuis Roi;
Je dois avoir les Dieux & le Deftin pour moi.
Si le Ciel ne protége un Prince qu'il éleve,
Il vaudroit prefqu'autant être Roi de la féve.
Des jours de mon Courfier, fi les Dieux font jaloux,
Ne pouvant rien contr'eux, je ne m'en prends
　　　　　qu'à vous.

PHILIPPE.

Eh quoi ! Seigneur.

ALEXANDRE.

Allez , & redoutez ma haine.

SCENE VIII.

ALEXANDRE, EPHESTION.

ALEXANDRE.

Viens-tu faire un récit pour redoubler ma
peine.

EPHESTION.

Je dois vous faire part d'un coup inopiné,
Dont comme moi, Seigneur , vous serez étonné.
Paſſant près de la tente où repoſoit Statire ,
J'entends quelqu'un qui gronde, & quelqu'un qui
     foupire ;
Je m'arrête à l'éclat d'un évantail caſſé.
Dans le fond de mon cœur tout mon fangs'eſt glacé;
Et foudain on s'écrie : arrêtez , téméraire :
Et reſpectez en moi l'amour de votre frere.
J'entre , je vois Statire ardente de courroux ;
Le Prince votre frere étoit à ſes genoux.

ALEXANDRE.

A ſes genoux ! O ciel ! avoit-il bonne grace ?

EPHESTION.

Dans ſes yeux éclatoient, & l'amour, & l'audace.
» Quoi ! (diſoit-il) pour vous, quand je m'expofe
»   à tout,

>> De votre cruauté je ne viens pas à bout !
>> Depuis un jour entier que je cherche à vous
            >> plaire ,
>> Vous réſiſtez encor ! On n'eſt plus ſi ſévere....
Elle ne répond pas ; il devient furieux :
Alors, ſans reſpecter les hommes ni les Dieux,
Il ſe leve , s'élance, & ſa main criminelle
A déchiré Seigneur une aune de dentelle.

ALEXANDRE.

Que n'étois-je préſent ? Il ne l'eût point oſé.

EPHESTION.

En vain à ſes tranſports on ſe fût oppoſé.
Mais le Ciel, qui toujours protége l'innocence,
De Scacire auſſi-tôt embraſſant la défenſe,
A voulu... j'en frémis... l'horreur éteint ma voix...
Aridée...

ALEXANDRE.

Eſt-il mort ?

EPHESTION.

                    Il s'eſt piqué les doigts.

ALEXANDRE.

Rien de plus ?

EPHESTION.

C'eſt beaucoup dans le ſiécle où nous ſommes ,
Où tout ſemble permis à l'audace des hommes.

ALEXANDRE.

La Princeſſe ſans doute eſt entrée en fureur ?

EPHESTION.

Pour marquer du dépit , elle avoit trop de cœur.

ALEXANDRE.

Je vois ce qui retient un courroux légitime :
Dieux , ne ſavez-vous pas comme on punit un
            crime ?

EPHESTION.

Les Dieux ont mesuré la vengeance au forfait.
Que pouvoit-il de plus recevoir ?

ALEXANDRE.

Un soufflet.

EPHESTION,

Quand l'amour fait trop loin pousser une aventure,
L'amant ne reçoit plus la moindre égratignure ;
Après le premier pas, il n'est plus arrêté.

ALEXANDRE.

Par combien de combats mon cœur est agité !
Que de transports divers de douleur, de colére !
Ma gloire, mon amour, mon cheval & mon frere !
Il faut mettre ordre à tout ; arrêtez mon Rival :
Je vais voir dans l'instant Statire & mon cheval.

SCENE IX.

ALEXANDRE, *seul.*

SI j'avois épousé cette aimable étrangère,
L'ingrat auroit brûlé d'une flamme adultère :
C'est donc à quoi tendoient ses perfides avis !
Insensé que j'étois, je les aurois suivis.
Il condamnoit en moi mon amour pour Statire ;
Et j'apprends que pour elle en secret il soupire :
Voilà de mes gourmands, qui, flattés d'un ragoût,
Pour le dévorer seuls, en donnent du dégoût.

SCENE X.

ALEXANDRE, EPHESTION.

ALEXANDRE.

TU reviens ! La douleur dans tes regards est
    peinte.
Que viens-tu m'annoncer? Explique-toi sans feinte.

EPHESTION.

Seigneur.…

ALEXANDRE.
Poursuis.

EPHESTION.
Statire... Aridée...

ALEXANDRE.
Eh bien, quoi ?

EPHESTION.
Bucéphale... O douleur !...

ALEXANDRE.
Je tremble, explique-toi,

EPHESTION.
Les flots, un coup de pied, le trépas...

ALEXANDRE.
Qu'est-ce-à-dire.

EPHESTION.
Vous perdez Bucéphale, Aridée & Statire.

ALEXANDRE.
Avec ordre du moins conte moi mes malheurs.

EPHESTION.
Le trouble convient mieux dans les grandes
    douleurs,

Piquée au fond du cœur de se voir dédaignée,
Statire de ce camp est sortie indignée ;
En vain pour l'arrêter vos soldats ont couru :
Sur les bords du Cydnus sitôt qu'elle a paru,
Dans les flots étonnés se faisant un passage,
A l'aide du panier s'est sauvée à la nage.

ALEXANDRE.

Je la perds au moment où je voulois l'aimer.

EPHESTION.

Tandis qu'elle passoit les flots sans s'allarmer,
Bucéphale touchoit à son heure dernière ;
Aridée est venu lui fermer la paupiere.
Ce superbe coursier le voyant avancer,
Dans les convulsions dont il se sent presser,
Hélas ! d'un coup de pied donné d'une main sûre,
Lui fait au diaphragme une large blessure.

ALEXANDRE.

L'approche de la mort lui troubloit la raison.
Mais il s'étoit vengé de quelque trahison?
Sa blessure tantôt n'étoit pas dangereuse,
Et d'un trépas si prompt la cause est bien douteuse.
Quoi qu'il en soit ami, ne m'abandonne pas,
Et des derniers devoirs honorons son trépas :
La douleur près de lui m'empêche de me rendre,
Je te laisse le soin de recueillir sa cendre.

SCENE XI.

ARIDÉE, ALEXANDRE.

ARIDÉE, *soutenu par deux Palfreniers.*

POur la derniere fois vous voyez devant vous
Un Héros qui devoit tomber sous d'autres coups ;
J'ai tué Bucéphale, il me rend la pareille.

ALEXANDRE.

C'est toi ?

ARIDÉE.

Moi-même ; autant vous en pend à l'oreille.
Par lui de vos exploits le luxe étoit terni :
Vous nous le préfériez, & je l'en ai puni.
Plus offensée encor de cette préférence,
Statire a dans mon cœur fait passer sa vengeance.
Il m'en coûteroit trop pour te désabuser ;
Un cœur tel que le mien ne sait point s'excuser.
La Princesse à mes coups a marqué la victime,
J'ai frappé, mais *gratis* ; & voilà tout mon crime.
J'en suis assez puni par un sort rigoureux :
Je me venge, en mourant ; c'est tout ce que
je veux.

ALEXANDRE.

A ton dernier soupir, ce n'étoit pas la peine,
Pour m'insulter ainsi, de venir sur la Scène.

ARIDÉE.

C'eſt un droit aux Héros acquis depuis longtems :
Je vais te retracer tous tes emportemens ,
Et par un long diſcours terminant ma carrière ,
Quand je t'aurai tout dit, je quitte la lumière.
Prête, ſans t'émouvoir, l'oreille à ce diſcours ;
D'aucun mot, d'aucun cri , n'en interromps le
      cours.
Où ſont tous ces Guerriers , l'honneur de la
      Patrie ?
En eſt-il échappé quelqu'un à ta furie ?
Lynceſte , Philotas , Parménion , Clytus ,
Le ſage Alcépidor , le fier Amphotérus ,
Ces Guerriers que tu vis , au fort de la tempête ;
Offrir leurs boucliers réunis ſur ta tête ;
Sanglans , percés de coups , te couvrir de leurs
      corps ,
Et pour te faire vivre affronter mille morts ;
Quel prix ont-ils reçu pour ces fameux ſervices ?
L'un , ſur de vains ſoupçons , périt dans les ſup-
      plices ;
L'autre a vu tout ſon ſang au milieu d'un feſtin ,
Ce ſang qu'il te vouoit , répandu par ta main.
Dans le piège cruel que tu lui faiſois tendre ,
Parménion mourut ſans qu'on daignât l'entendre ;
Lui qui , pour te ſervir devenant aſſaſſin ,
De Philotas lui-même avoit percé le ſein.
Ainſi de tes fureurs , inſtrumens ou victimes ,
Ils ſe perdoient l'un l'autre , & conſommoient tes
      crimes.

Qu'avoient fait ces Guerriers pour t'animer con-
     tr'eux ?
Je vois tous leurs forfaits ; ils étoient vertueux.
Pour être en fûreté dans cette Cour profâne,
Pour te plaire il faut être un autre Narbafane,
Trahir honteufement fon honneur & fa foi,
Te livrer fa Patrie, affaffiner fon Roi,
Infulter les Bourgeois, jouer dans les cazernes,
Se battre avec le Guet & caffer des lanternes.

ALEXANDRE, *à part.*

Il n'a pas tort ; mais moi je veux avoir raifon.
Sais-tu qu'un Charbonnier eft maître en fa
     maifon,
Et que des mes Sujets à mon gré je difpofe ?
Si j'ai voulu leur mort, je l'ai fait & pour caufe.
Nous autres immortels, nous tenons dans nos
     mains
Les méprifables jours des fragiles humains.

ARIDÉE.

D'un ridicule orgueil ceffe d'enfler ton ame :
Ta mere Olympia fut une honnéte femme ;
Et quand au fond du cœur elle l'eût moins été,
Sa laideur répondoit de fa fidélité.
Monftre, tu voudrois donc avoir un Dieu pour
     pere,
Aux dépens de l'honneur de ta défunte mere ?
Fils ingrat, tu feras une mauvaife fin.
Dans ta Cour, après moi, je laiffe un affaffin ;
Jufques dans le tombeau je vais porter ma haîne.
Si la force fervoit la fureur qui m'entraîne,

L'on me verroit bien-tôt, libre de tous remords,
M'abreuver de ton fang & mutiler ton corps.
C'eft alors que ma haîne, à moitié fatisfaite,
Liroit avec plaifir ta mort dans la gazette.

ALEXANDRE, *levant le poignard*
& le tenant fufpendu.

Quels poumons! Ah! c'eft trop refpecter fa
douleur.
Malheureux apprends donc à craindre ma fureur;
Quelle invifible main arréte ma vengeance?
Mon bras n'eft-il armé que pour la contenance?

ARIDÉE.

Et qui peut t'arréter dans ton cruel deffein?
Affouvis ta fureur; frappe, voilà mon fein:
Tu calmeras ainfi ma haîne opiniâtre:
Frappe donc, fi tu veux faire un coup de théâtre;
Mais Philippe bientôt....

ALEXANDRE.

Que dis-tu?

ARIDÉE, *en tombant après avoir fait*
une piroüette.

Je me meurs.

SCENE XII.

ALEXANDRE, *seul.*

IL garde son secret, ô comble de douleurs !
Philippe.... Quel soupçon ? Que vouloit-il me
    dire ?
Pour me faire enrager, je pense qu'il expire.
Le fidèle Philippe auroit manqué de foi,
Et malgré mes bienfaits s'armeroit contre moi ?
Ma crainte, je le vois, n'est que trop légitime ;
Tantôt son embarras marquoit assez son crime.
Je l'apperçois, grands Dieux ! à ce noble maintien.
Quel œil ne seroit pas trompé comme le mien ?
Faut-il que sur le front d'un assassin Chymiste,
Règne la gravité d'un Docteur Galéniste.
Et ne devroit-on pas à des traits éclatans
Reconnoître le cœur de tous ces Charlatans ?

SCENE DERNIERE.

PHILIPPE, ALEXANDRE.

PHILIPPE.

EH ! que vois-je ? Seigneur, quel funeste nuage
A pu troubler ainsi votre auguste visage ?
Oubliez Bucéphale, & ne songez qu'à vous ;
Permettez-moi du moins de vous tâter le pouls.

ALEXANDRE.

Oses-tu bien encor soutenir la lumiere,
Reste impur des Docteurs qu'a diffamé Moliere !
Après que ta fureur a tué mon cheval,
Tu me tâtes le pouls & demandes mon mal !
Fuis, cruel, & prends garde, ame basse &
   commune,
De voir dans mes Etats le lever de la Lune.

PHILIPPE.

Vous calmerez, Seigneur, cet injuste courroux ;
Quand on se porte bien on se moque de nous :
Mais, chacun a son tour : plus timide qu'un lièvre,
Vous me rappellerez au moindre accès de fièvre.

ALEXANDRE.

Qui ? moi te rappeller ! Ah ! monstre plein
   d'horreur,
Quelle ivresse t'engage à braver ma fureur ?

Que de ton corps la tête à cent pas de diſtance,
Apprenne à l'Univers ton crime & ma vengeance.

(Il tire un piſtolet qui rate.)

O Ciel ! mon piſtolet vient de rater tout net.
Auriez-vous donc, grands Dieux ! vuidé le baſſinet?
Le bonnet de Docteur rendra-t-il légitimes
Tant de meurtres fameux qui pour nous ſont des
  crimes ?
Quelle horrible vapeur ſe répand dans les airs !
Sous mes pas chancelans des gouffres entr'ouverts
Conduiſent mes regards ſur la rive infernale....
Quel ſpectacle, grands Dieux !.... l'ombre de
  Bucéphale ...
Eh quoi !..... pour augmenter l'horreur de ſes
  tourmens,
En ſa préſence on lit tous les nouveaux romans.
Que vois-je ?... dans le Styx ſon ombre intimidée
Cherche à ſe dérober aux regards d'Aridée ;
Le perfide la ſuit.... Arréte, malheureux,
Ou je vais chez les Morts pour te prendre aux
  cheveux.
Laiſſe gémir en paix une ombre que j'adore ;
O rage ! ô déſeſpoir ! Il la pourſuit encore.....
Paſſerai-je mon tems en regrets ſuperflus ?
Je ſuccombe & me meurs d'un cholera-morbus.

(Il meurt & les Gardes l'emportent en riant,
comme cela ſe pratique.)

FIN.

www.ingramcontent.com/pod-product-compliance
Lightning Source LLC
LaVergne TN
LVHW010450060726
842527LV00005B/1791